Emil von Behring

Die praktischen Ziele der Blutserumtherapie und die Immunisierungsmethoden

zum Zweck der Gewinnung von Heilserum

Emil von Behring

Die praktischen Ziele der Blutserumtherapie und die Immunisierungsmethoden
zum Zweck der Gewinnung von Heilserum

ISBN/EAN: 9783744602167

Hergestellt in Europa, USA, Kanada, Australien, Japan

Cover: Foto ©berggeist007 / pixelio.de

Weitere Bücher finden Sie auf **www.hansebooks.com**

Die praktischen Ziele

der

Blutserumtherapie

und die

Immunisirungsmethoden

zum

Zweck der Gewinnung von Heilserum.

Von

Stabsarzt Dr. Behring,

Assistenten am Institut für Infections-Krankheiten.

Leipzig.

Verlag von Georg Thieme.

1892.

Im Laufe der nächsten Zeit gedenke ich über die therapeutische Wirkung des Serums aus dem Blute immunisirter Thiere und über die Eigenschaften der im Serum enthaltenen Heilkörper eine Reihe von Abhandlungen zu veröffentlichen, welche die Ergebnisse der experimentellen Untersuchungen enthalten, die von mir und von meinen Mitarbeitern bei dem Tetanus, der Diphtherie und bei Streptococcenkrankheiten gewonnen sind.

Die vorliegenden beiden Abhandlungen sollen gewissermassen eine Einleitung dazu darstellen.

Berlin, im Juni 1892.

Der Verfasser.

I.

Die praktischen Ziele der Blutserumtherapie.

Für eine Reihe von Krankheiten des Menschen, gegen welche die bisher angewendeten Medicamente erfolglos geblieben sind, habe ich eine neue Heilmethode gefunden, deren wissenschaftliche Begründung gegenwärtig von keiner Seite mehr bestritten wird.

Diese neue Methode besteht darin, dass man dem zu behandelnden Individuum Heilkörper einverleibt, welche die krankmachenden *Ursachen* vernichten, und zwar nicht blos an solchen Körperstellen, welche oberflächlich gelegen und auf diese Weise einer direkten Behandlung zugänglich sind, sondern überall im Innern des lebenden Körpers, im Blut und in den Organen.

Die Gewinnung der Heilkörper geschieht so, dass zunächst ein Individuum gegen diejenige Krankheit geschützt wird, welche man behandeln will, und dass man dann demselben Blut entnimmt.

Im Blute und in dem daraus gewonnenen Serum findet man nun Stoffe, welche eine derartige Heilwirkung besitzen, wie sie bis dahin in der Geschichte der Medicin noch nicht bekannt geworden ist; ja bis vor kurzem wurde selbst die Möglichkeit, dass später einmal solche Heilmittel entdeckt würden, von den heutigen Klinikern in Abrede gestellt. Speciell das zellenfreie Blut, die klare seröse Flüssigkeit, welche sich nach der Blutgerinnung abscheidet, ist der Ausgangspunkt für die Prüfung der neuen Heilmittel geworden, und ich bezeichne daher meine Heilmethode als «*die Blutserumtherapie*».

Wir haben gegründete Aussicht, die in Frage kommenden Heilmittel aus dem Blut von den unwirksamen Körpern desselben abzutrennen und dieselben in eine Form überzuführen, welche ebenso haltbar und handlich ist wie die, in welcher andere Mittel aus der Apotheke abgegeben werden.

Aber auch schon bei dem gegenwärtigen Stande der Blutserumtherapie gehören nur Fleiss und Aufwendung genügender Mittel dazu, um die Heilkörper so zu gewinnen, dass sie geeignet sind, einige der schrecklichsten Krankheiten des Menschen mit Erfolg zu bekämpfen.

Von mir selbst und von meinen Mitarbeitern sind die experimentellen Vorarbeiten hierfür an Laboratoriumsthieren ausgeführt beim Wundstarrkrampf, bei der Diphtherie und bei einer Gruppe von Krankheiten, die durch kettenförmige Coccen (Streptococcen) erzeugt werden, u. a. das Puerperalfieber, bösartige Lungen-, Brustfell- und Bauchfellentzündungen; die schlimmsten Formen der Eiterfieber, sog. Septikämien und Pyämien, Gelenkeiterungen, Wundrose, Halsentzündungen u. m. A. Um jedoch die neuen Heilmittel für den *Menschen* nutzbar zu machen, bedarf es jetzt der Arbeit an anderen Thieren, als sie uns im Laboratorium zur Verfügung stehen und mit so grossen Mitteln, dass für dieselben der Etat des Instituts für Infectionskrankheiten nicht mehr ausreicht.

Es liegt in der Natur der Sache, dass man nicht von Menschen das Blut nimmt, welches die Heilmittel enthält; denn die Vorbehandlung, welche zur Erzeugung derselben im lebenden Körper führt, ist nicht ohne jede Gefahr für das Individuum, an welchem sie ausgeführt wird, und ausserdem würde es nur ausnahmsweise gerechtfertigt werden können, Transfusionen von Blut vorzunehmen, für die ein *Mensch* das Blut liefert, wie das ja früher wohl im Kriege und auch sonst geschehen ist.

Glücklicherweise können wir auf den Menschen als blutlieferndes Individuum verzichten und statt dessen das Blut von grösseren vorbehandelten *Thieren* nehmen.

Ich kann auf das bestimmteste versichern, dass sowohl das Pferdeserum, wie das Hammelserum für Einspritzungen unter die Haut des Menschen, selbst in so grosser Menge, wie sie später nicht mehr nöthig sein werden, absolut unschädlich gemacht werden kann. Es sind diesbezügliche Versuche von autoritativer und vorurtheilsfreier Seite, beispielsweise mit Pferdeblutserum, das die Tetanusheilkörper enthielt, und mit Diphtherieheilserum, welches aus Hammelblut gewonnen war, ausgeführt worden.

Es ist also gegenwärtig nicht mehr ein Schritt ins Dunkle, wenn die praktische Anwendung meines Heilverfahrens auch für den Menschen durch Versuche in grösserem Maassstabe in Angriff genommen wird.

In welcher Weise für diesen Zweck die vorbereitenden Arbeiten einzurichten sind, darüber glaube ich genügende Erfahrungen zu besitzen.

Für den Wundstarrkrampf habe ich diese Erfahrungen in der thierärztlichen Hochschule sammeln können, woselbst im Interesse landwirthschaftlich werthvoller Thiere, Pferde und Schafe gegen diese Krankheit geschützt worden sind; diese Versuche sind in der Absicht ausgeführt, das Blut derselben zur Heilung von tetanuserkrankten Pferden und Hammeln zu verwenden, und sie sind dort soweit fortgeführt, dass jetzt der Verwerthung des Pferdeblutes zum Zweck der Heilung anderer Thiere nichts mehr im Wege steht.

Anders liegen die Verhältnisse für den tetanuserkrankten Menschen.

Ganz abgesehen davon, dass die von dem *landwirthschaftlichen* Ministerium zur Verfügung ge-

stellten Mittel, welche sich incl. der Verpflegung
und Wartung der benutzten Thiere nach dem Urtheil von Prof. SCHÜTZ, dem ich die Möglichkeit
des Arbeitens an grossen Thieren hauptsächlich ver-
danke, auf mindestens 10 000 Mark belaufen, eben
nur für *landwirthschaftliche* Zwecke bewilligt sind,
so stehen der Verwendung des Tetanus-Heilserums
für den Menschen in der Weise, wie sie für Pferde
gehandhabt werden kann, principiell die ernstesten
Bedenken entgegen.

Die Blutentnahme geschieht nämlich so, dass
am lebenden Thiere ein Aderlass vorgenommen wird;
das verträgt beispielsweise ein Pferd, auch wenn
die Aderlässe sich innerhalb kurzer Zeit wiederholen,
ganz vorzüglich, und so kann man voraussichtlich
jahrelang ein und dasselbe Thier gleichsam wie eine
wandelnde Apotheke benutzen.

Nun wurden für die bisher unternommenen Versuche nicht gerade die gesundesten Pferde ausge-
sucht, sondern — aus Sparsamkeitsrücksichten —
alte, mit vielen Fehlern behaftete Thiere.

Prof. SCHÜTZ und *ich* waren uns sehr wohl bewusst, dass damit eine gewisse Gefahr verbunden
ist. Wenn nämlich solche ganz billige Pferde an
Krankheiten leiden, die auch dem Blut krankmachende
Eigenschaften verleihen, so ist die Möglichkeit nicht
ausgeschlossen, dass krankmachende lebende Keime
oder Gifte auf dasjenige Individuum übertragen

werden, dem man das Blut solcher Thiere zu Heilzwecken incorporirt.

Für landwirthschaftliche Zwecke sind aber diese
Bedenken nicht ausschlaggebend. Da ist das einfach eine Frage, die durch Rechnung entschieden
werden kann. Man sagt sich da, dass das Risiko,
durch Uebertragung von gesundheitsschädlichen Stoffen beispielsweise ein tetanuserkranktes Pferd zu
schädigen, kaum in's Gewicht fällt. Verloren ist
dasselbe ohne Behandlung fast absolut sicher. Die
Wahrscheinlichkeit aber, dass es nach seiner Heilung
durch eine Bluttransfusion an seiner Gesundheit
Schaden erleiden könne, ist nur sehr gering.

Nun würde man ja unter Umständen ein solches
Calcul auch für den tetanuserkrankten Menschen an-
stellen können.

*Aber ich meine, wenn wir im Stande sind, bei
der Behandlung eines kranken Menschen jede Gefahr seiner Schädigung durch das anzuwendende
Heilmittel auszuschliessen, dann haben wir auch die
Pflicht, das zu thun, und dann dürfen wir nicht
aus Sparsamkeitsrücksichten ein solches Risiko über-
nehmen, wie wir es zur Behandlung von Pferden
unbedenklich thun werden.*

*Nun existirt aber diese Möglichkeit, jede Gefahr
von Seiten des Tetanusheilserums auszuschliessen,
durchaus.*

*Wir brauchen bloss durch die Section uns von
der Gesundheit des blutliefernden Thieres zu über-*

*zeugen in eben derselben Weise, wie das auch obliga-
torisch ist für diejenigen Thiere (Kälber), welche
uns die Pockenlymphe liefern.* Was aber bei den pockenlympheliefernden Thieren
verlangt wird, das muss erst recht verlangt werden
für die heilserumliefernden Thiere aus dem Grunde,
weil die zu übertragenden Mengen sehr viel grössere
sind, als bei der Pockenimpfung.

Die Richtigkeit dieser Ueberlegungen vorausgesetzt, erweist es sich demnach als durchaus nothwendig, für die Heilung der tetanuskranken Menschen von Neuem Pferde zu immunisiren; nach der
Erlangung desjenigen Immunitätsgrades, welcher für
den vorliegenden Zweck erforderlich ist, würde dann
ein Thier durch Blutentziehung zu tödten sein; und
wenn dann die Section durch einen Sachverständigen
die Gesundheit des Thieres ergeben hat, dann erst
würde den Aerzten das Heilserum unbedenklich in
die Hand gegeben werden können.

Wie dringend die Beschaffung genügender Men-
gen von demselben ist, dafür führe ich folgende
Beläge an. In *Berlin* sind im Laufe der Zeit vom
August bis zum December 1891 vier Fälle in der
Charité (incl. Institut für Infectionskrankheiten) und
ausserdem mehrere Fälle in anderen Krankenhäusern
Berlins und in der Praxis von hiesigen Aerzten zu
meiner Kenntniss gekommen. Von auswärts erhielt
ich telegraphische Anfragen von *Breslau* (Prof.
Biermer und Dr. Stern), von *Bonn* (Prof. Trendelen-

BURG), ferner wurde ich von *Potsdam* aus und von
anderen Orten angefragt, ob ich für tetanuserkrankte
Menschen Heilserum schicken könne.

Neuerdings ist eine solche Anfrage an's Institut
für Infectionskrankheiten aus *Spandau* (Dr. RIEDER)
und aus *München* aus der Universitäts-Kinderklinik
von Dr. HERZOG an mich gekommen.
Sämmtliche Fälle, um die es sich hier handelt,
konnten aus den oben erwähnten Gründen nicht mit
Heilserum behandelt werden, sie sind, soweit mir
bekannt geworden ist, an Tetanus gestorben.

Für die Diphtherie habe ich mit Stabsarzt WER-
NICKE unter Aufwendung von eigenen Mitteln die
Vorbehandlung von grösseren Thieren (Schafen) soweit gefördert, dass auch hier es nur darauf an-
kommt, unsere Versuche im grösseren Maassstabe
zu *wiederholen,* um den *diphtheriekranken* Menschen
zu heilen. Unser eigenes Thiermaterial gedenken
wir in der Hauptmenge für wissenschaftliche Untersuchungen über die Steigerungsfähigkeit der heilen-
den Wirksamkeit des Blutes und über die Natur
der Heilkörper auszunützen.

Zur Behandlung des kranken *Menschen* haben wir
uns entschlossen, eines der Thiere zu tödten. Nach
Feststellung der Gesundheit desselben ist jetzt für
einige diphtheriekranke Kinder eine genügende
Serummenge vorhanden. Es ist aber selbstverständlich, dass wir uns nicht in der Lage sehen, mit

unseren privaten Mitteln über die wissenschaftliche *Begründung* des Heilverfahrens hinaus die Versuche mit grösseren Thieren fortzusetzen; dazu reichen unsere privaten Mittel nicht aus.

Dass für die Diphtherie aber ein Bedürfniss nach einem specifischen Heilmittel vorliegt, dafür brauche ich wohl zahlenmässige Beläge nicht erst anzuführen.

Für die durch Streptococcen erzeugten Krankheiten des Menschen (Puerperalfieber, Pyämie, Wundrose, Lungen-, Brustfell-, Bauchfell-, Gelenk-, Halsentzündungen u. s. w.) ist durch Versuche an Laboratoriumsthieren experimentell bisher nur die *Möglichkeit* ihrer specifischen Behandlung und Heilung erbracht; die Versuche an grösseren Thieren sind in Folge des Mangels an Mitteln lange Zeit nicht ausführbar gewesen, und erst in jüngster Zeit konnten sie in *landwirthschaftlichem* Interesse in Angriff genommen werden mit Mitteln, welche das landwirthschaftliche Ministerium Herrn Professor Schütz zur Verfügung gestellt hat.

Bisher war nur von der *Heilung* schon erkrankter Individuen die Rede.

Das Tetanusheilserum, das Diphtherieheilserum und das Streptococcenheilserum hat aber noch eine Wirkung, die es auf's höchste wahrscheinlich macht, dass wir die Krankheiten, um die es sich hier han-

delt, nicht bloss *heilen* können, sondern dass wir
die davon bedrohten Menschen mit noch viel grösserer
Sicherheit vor denselben *schützen* können.

Für den Tetanus, der im Ganzen doch nur selten
vorkommt, wird eine praktische Ausnützung dieser
Fähigkeit des Heilserums kaum in Frage kommen,
wohl aber für die *Diphtherie* und für die *Streptococcenkrankheiten.*

Was die Diphtherie betrifft, so halte ich es für
wahrscheinlich, dass man zunächst in solchen Familien
sich zu *prophylaktischer* Anwendung des Heilserums
entschliessen wird, in welchen mehrere Kinder zur
Zeit einer Diphtherie-Epidemie bedroht sind, und
wo von denselben eines schon erkrankt ist.

Da die schützende Wirkung des Serums *sofort*
nach seiner Anwendung in Kraft tritt, wird der
Nutzen einer solchen Vorbehandlung viel eklatanter
sein, als bei der Pockenimpfung, wenn diese an
Personen ausgeführt wird, die zur Zeit einer Pocken-
epidemie der Ansteckungsgefahr ausgesetzt sind.
Nach erfolgter Pockenimpfung vergeht nämlich bis
zum Eintritt ihrer schützenden Wirkung immer eine
gewisse Zeit, meistens mehrere Tage; und auf solche
Personen, die schon den Krankheitskeim in sich
tragen, kann sie — nach dem Stande unserer gegenwärtigen Kenntnisse — eine krankheitverhütende
Wirkung nicht ausüben.

Anders verhält sich die Sache bei der Diphtherie,
bei welcher die Serumbehandlung ja auch die schon

inficirten Individuen vor dem Ausbruch der Krankheit zu bewahren im Stande ist.

Nach den bisher vorliegenden Erfahrungen über das Diphtherieheilserum verspreche ich mir für die Zukunft die segensreichsten Folgen gerade von seiner Anwendung bei diphtherie*bedrohten* Kindern zu Zeiten, in denen an einem Orte eine heftige Epidemie schon herrscht.

Wenn ich bisher in meinen Publicationen ausschliesslich die *Heilwirkung* des Serums besprochen habe, so geschah das deswegen, weil ich es für ganz selbstverständlich halte, dass nach der Anerkennung einer specifisch-heilenden Leistung meines Mittels einerseits, seiner Unschädlichkeit andererseits, die *Vorbehandlung* diphtherie*bedrohter* Kinder mit dem Heilserum auf keinerlei Schwierigkeiten stossen wird.

Auch bei den Streptococcenkrankheiten halte ich eine *prophylaktische* Anwendung des Heilserums, wenn dasselbe in genügender Menge und Wirksamkeit vorhanden sein wird, für sehr wahrscheinlich. Nach den Untersuchungen von *mir* und von meinen Mitarbeitern steht in der Auffassung des Wesens der hierhergehörigen Krankheiten eine ähnliche Umwandlung — nur noch in viel ausgeprägterem Grade — bevor, wie wir sie vor einem Jahrzehnt in Bezug auf die Tuberculose erlebt haben.

Wie nach der Entdeckung des Tuberkelbacillus

eine Unmenge von krankhaften Veränderungen, an
deren ätiologische Zusammengehörigkeit vorher kaum
gedacht worden war, zur Tuberculose gerechnet
werden mussten: der Lupus, Knochen- und Gelenk-
erkrankungen, Krankheiten des Mittelohres, der se-
rösen Häute, des Darms u. s. w., die doch schein-
bar so grundverschieden sind von der eigentlich
sogenannten Tuberculose, nämlich der Lungen-
schwindsucht, so werden nach Anerkennung der
jetzt kaum noch anzuzweifelnden Zusammengehörigkeit der meisten Kettencoccen die verschiedenartig-
sten Erkrankungen ätiologisch *einheitlich* betrachtet
werden müssen, und man wird vielleicht schon in
kurzer Zeit sich daran gewöhnt haben, bei der
Wundrose, bei manchen Abscessen, bei vielen Ge-
lenkleiden, bei Erkrankungen der Brust- und Bauch-
höhle, bei vielfach verschieden ablaufenden Eiter-
fiebern, in erster Linie nicht an die für den Kliniker
und für den pathologischen Anatomen zu Tage tre-
tenden *Differenzen,* sondern an die bacteriologische
Einheit dieser Krankheitsprocesse zu denken.

Die grösste Bedeutung wird aber die Zusammengehörigkeit aller dieser Krankheiten gewinnen, wenn
sie alle durch ein und dasselbe Mittel geheilt werden können, und wenn man den Menschen gegen
die Streptococceninfection, welche wohl noch grössere
Verbreitung hat, als die Tuberculose, schützen kann.

In der That glaube ich, dass nächst den wissenschaftlichen Arbeiten über die Tuberculose das Stu-

dium der Streptococcenkrankheiten am meisten dazu
beitragen wird, die Bedeutung der modernen bac-
teriologischen Forschung für die krankheitbedrohte
Menschheit ins rechte Licht zu setzen.

Wenn ich es unternommen habe, nicht blos die
bisherigen Leistungen auf dem Gebiete der Blutserumtherapie, sondern auch die Perspective zu
schildern, welche die Resultate von Laboratoriums-
arbeiten uns zu gewähren imstande sind, so geschieht das hauptsächlich aus dem Grunde, weil ich
die Erfahrung gemacht habe, dass die Mittheilungen
der experimentell-wissenschaftlichen Originalarbeiten
in Fachzeitschriften nur einem kleinen Theile des
ärztlichen Publikums zugänglich sind, während es
doch wünschenswerth ist, dass vor der Uebertragung
der durch Thierexperimente gewonnenen Ergebnisse
auf den kranken Menschen die Principien und die
Ziele der neuen Heilmethode in der Hauptsache
allgemein bekannt werden.

Wie man aus meiner Schilderung erkennen kann,
wachsen jetzt die Arbeiten aus dem Rahmen der
eng begrenzten Laboratoriumsthätigkeit heraus.

So lange es sich darum handelte, die wissenschaftlichen *Vorarbeiten* für die Begründung der
neuen Heilmethode auszuführen, konnte es der Sache
nur förderlich sein, wenn von derselben nicht viel
Geräusch gemacht und die öffentliche Discussion

darüber möglichst vermieden wurde. Die Controlle
der Arbeiten durch meinen hochverehrten Lehrer,
Herrn Geheimrath Koch, sein Rath und seine Hülfe
in allen Stadien derselben bot die beste Gewähr
dafür, dass ich nicht gar zu sehr auf Abwegen mich
verlor.

An der Uebertragung der wissenschaftlichen Resultate auf die ärztliche Praxis sind wir aber nicht
wesentlich mehr interessirt, als alle anderen Aerzte
und als die kranken und die krankheitbedrohten
Menschen, denen die neuen Heilmittel zugute kommen sollen.

Es ist jetzt Sache der weiter betheiligten Kreise,
dafür zu sorgen, dass die Arbeiten im Interesse der
leidenden *Menschen* in ähnlicher Weise ermöglicht
werden, wie das durch die thatkräftige Unterstützung
des landwirthschaftlichen Ministeriums im Interesse
landwirthschaftlich werthvoller *Thiere* schon jetzt
geschehen ist.

II.

Ueber Immunisirungsmethoden zum Zweck der Heilserumgewinnung.

Ich habe am Eingang dieser Publication gesagt, dass zur Heilserumgewinnung vorerst Thiere gegen diejenige Krankheit immunisirt werden müssten, für welche man das Heilserum bekommen will, und dass man dann den immunisirten Thieren Blut entzieht.

Damit habe ich *den* Theil der vorbereitenden Arbeit in der Blutserumtherapie kurz berührt, welcher schliesslich, wenn man die Heilkörper fertig in Händen hat, leicht vergessen wird.

In der That ist aber dieser Theil der Arbeit der schwierigste. Er verhält sich zu derjenigen Arbeit, die mit der Blutentnahme beginnt, ungefähr so, wie die Arbeit des Ackermanns in 11 Monaten des Jahres zu der kurzen Zeit der Ernte, und auch in anderen Dingen lässt sich unsere Immunisirungsarbeit mit der mühseligen, oft langweiligen und an unangenehmen

2*

Zwischenfällen leider nur zu reichen Thätigkeit eines Ackerbauers vergleichen.

Da hilft kein Reden und es hilft verhältnissmässig wenig auch nur das Theoretisiren; da hilft hauptsächlich ehrliche Arbeit und Geduld.

PASTEUR und KOCH, und diejenigen, welche mit ihnen zusammen die Principien der Immunisirung ausgearbeitet haben, theoretisirten — publice wenigstens — nicht viel; die publicirenden *Theoretiker* in der Immunitätslehre haben aber meines Wissens brauchbare neue Immunisirungsmethoden uns nicht kennen gelehrt.

Bei dieser meiner Stellungnahme wird man, wenn ich es im Folgenden unternehme, Einiges über Immunisirungsmethoden zu sagen, nicht von mir erwarten, dass ich hier die Zahl der Immunitätstheorien vermehre; ich habe vielmehr nur die Absicht, Thatsächliches aus dem Gebiet der Immunitätslehre kritisch zu beleuchten.

Dass man nicht ganz ohne *eigene* Ideen wirklich Neues, Wahres und Werthvolles den bis dahin bekannten Thatsachen hinzufügen kann, versteht sich wohl von selbst. Ich betrachte aber die Theorie nur wie ein Baugerüst, das man fallen lässt, sobald das Gebäude, für dessen Bau es errichtet wurde, vollendet ist.

Für diejenigen Krankheiten, mit welchen ich mich eingehender beschäftigt habe, um specifische Heilkörper gegen dieselben zu bekommen, für die Diphtherie, den Tetanus und die Streptococcenkrankheiten, war zur Zeit des Beginns meiner Arbeiten noch nicht einmal die *Möglichkeit* der Immunisirung zugestanden.

Es mussten daher erst neue Immunisirungsmethoden gefunden werden, mit denen ich mein Ziel erreichen konnte.

Der Schwierigkeiten dieser Aufgabe mir vollauf bewusst, und andererseits von dem Streben geleitet, eine solche *Lebensaufgabe* auf ein wichtiges und würdiges Ziel zu richten, wählte ich gleich von vornherein eben solche Krankheiten, die den *Menschen* treffen, und die bis jetzt mit anderen Medicamenten noch nicht bekämpft werden konnten.

Ausschlaggebend für mein Vorgehen waren Beobachtungen bei der Diphtherie der Meerschweinchen, welche ich vor nunmehr $1^3/_4$ Jahren mit folgenden Worten mitgetheilt habe:

»Eine bis jetzt noch nicht benutzte Immunisirungsmethode kann gleichfalls auf die Wirkung der Stoffwechselproducte der Diphtheriebacillen zurückgeführt werden.

Sie besteht darin, dass man die Thiere zuerst inficirt und dann die deletäre Wirkung durch therapeutische Behandlung aufhebt.

Es erinnert diese Methode einigermaassen an

das Zustandekommen der Immunität nach dem Ueber-
stehen mancher Infectionskrankheiten des *Menschen.*
Die in einer später mitzutheilenden, gemeinschaft-
lich mit Herrn Hofarzt BOER ausgeführten Arbeit
erzielten Versuchsresultate bei ca. 30 Mitteln be-
weisen, dass es nicht leicht ist, diphtherieinficirte
Thiere zu heilen. Sehr vorzügliche Desinficientien,
wie das Silbernitrat und das Quecksilber in seinen verschiedenen Verbindungen, das Goldkaliumcyanid u. sw.
lassen da vollkommen im Stich. Aber es giebt
einige wenige chemisch wirksame Desinfectionsmittel,
welche Meerschweinchen, die nach subcutan erfolgter
Infection alsbald in Behandlung genommen werden,
zu heilen vermögen. So besitzt Dr. BOER ver-
einzelte Meerschweinchen, die durch *Goldnatrium-*
chlorid, durch Naphtylamin, durch Trichloressigsäure,
Carbolsäure geheilt sind.

Obenan in der Leistungsfähigkeit steht aber das
Jodtrichlorid. Von 8 Meerschweinchen, die ich mit
0,3 ccm Cultur subcutan inficirte, starben zwei nicht
behandelte Thiere nach 24 Stunden. Vier Thiere,
welchen sofort nach der Infection 2 ccm einer Jod-
trichloridlösung (2 kleinere Thiere erhielten 1 proc.,
2 grössere 2 proc. Lösung) an die Stelle der Infection subcutan eingespritzt wurden, blieben sämmt-
lich am Leben; bei zwei Thieren wurde die Behandlung erst nach 6 Stunden begonnen; eins derselben
starb nach 4 Tagen, das andere blieb am Leben;
bei allen Thieren wurde an den 3 nächstfolgenden

Tagen eine neue Jodtrichlorideinspritzung gemacht. Ueber 6 Stunden hinaus nach der Infection habe ich bei Meerschweinchen einigermaassen sichere Resultate nicht mehr bekommen, auch dann nicht, wenn die Thiere so schwach geimpft wurden, dass dabei normale Thiere erst nach 4 Tagen starben. Die überlebenden Meerschweinchen sind lange Zeit krank; ihre Heilung wird eingeleitet durch eine demarkirende Entzündung an der Infectionsstelle; später bildet sich ein trockner Schorf, der immer weniger festsitzend wird, bis man ihn schliesslich abheben kann; *unter diesem Schorf sind noch nach 3 Wochen lebende und virulente Diphtheriebacillen nachweisbar gewesen.*

Inficirt man nun solche Thiere, bei denen zwar das Allgemeinbefinden schon ganz gut geworden ist, bei denen aber noch eine offene Geschwürsfläche besteht, so zeigen sie eine erheblich grössere Widerstandsfähigkeit gegen die Infection als normale; jedoch erst nach vollkommener Verheilung und Narbenbildung habe ich mehrere jodtrichloridbehandelte Thiere, und hat Dr. BOER ein mit Goldnatriumchlorid geheiltes Thier soweit immun gefunden, dass diese Meerschweinchen vollvirulente Diphtherieimpfung vertrugen, an der die Controlthiere in 36 Stunden starben.«

Diese Immunisirungsmethode ist der Ausgangspunkt geworden für die Ausarbeitung derjenigen, die ich zusammen mit Stabsarzt WERNICKE seit einem

Jahre mit Erfolg bei Meerschweinchen und Schafen
verwende, die ich dann mit ganz glänzendem Erfolg
bei Mäusen, Meerschweinchen, Kaninchen, Schafen
und Pferden zur Immunisirung gegen Tetanus ge-
braucht habe, und die ausserdem in Versuchen
des Herrn Dr. KNORR sich auch gegenüber den
Streptococcenkrankheiten bewährt hat.

Durch welche Ueberlegungen ich zu dieser neuen,
wie es scheint einer allgemeinen Verwendung fähigen
Methode gekommen bin, schildert folgender Passus
in meiner mit WERNICKE veröffentlichten Arbeit
»Ueber Immunisirung und Heilung von Versuchsthieren bei der Diphtherie«. (S. 13.)

Bezugnehmend auf das obige Citat sagen dort
WERNICKE und ich:

»Fragt man sich, wie die Immunisirung hierbei
zustande kommt, so ist eine andere Deutung kaum
möglich, als dass die durch das Jodtrichlorid — wie
wir des öftern feststellen konnten — im Thierkörper
nicht abgetödteten Diphtheriebacillen weiter fort-
fahren, ihre Stoffwechselproducte zu produciren, dass
dieselben jedoch eine Veränderung erfahren. Das
Diphtheriegift wird, wie wir sagen, abgeschwächt.

Es lag nun der Versuch nahe, ob man nicht
diese Einwirkung des Jodtrichlorids auf das Diphtheriegift *ausserhalb* des Organismus verlegen und
den Vorgang der Immunisirung für das Thier unge-
fährlicher machen kann, indem man ihm jodtrichloridbehandelte Diphtherieculturen applicirt, statt es zu-

erst mit Diphtherie zu inficiren und hinterher mit
Jodtrichlorid zu behandeln. Gleich die ersten Versuche waren sehr ermu-
thigend, und es galt nun blos noch, das Verfahren
weiter auszubilden . . . . Es ist ziemlich gleichgiltig
für das Gelingen der Versuche, ob man bacillen-
haltige oder ganz keimfreie Culturen zum Zwecke der
Immunisirung wählt. Das Wesentliche bei unseren
Resultaten ist nur der Grad der Giftigkeit derselben.«

Am meisten schematisch und bis zu einem gewissen Grade vorbildlich für die Immunisirung gegen
andere Krankheiten habe ich mit Herrn Professor
Schütz, unter der werthvollen Assistenz von Herrn
Thierarzt Casper, meine Methode für den Schutz
gegen Tetanus ausgebildet.

Ich lasse daher die hierauf bezüglichen Stellen
in meiner Arbeit: »Ueber Immunisirung und Heilung
von Versuchsthieren beim Tetanus« im Wortlaut
und in extenso folgen:

Von denselben Erwägungen ausgehend, die Wernicke und *mich* bei der *Diphtherie* jodtrichloridbehandelte Culturen zur Immunisirung wählen liessen, und die
dort zu befriedigendem Endergebniss führten, habe ich
zur Erlangung besserer und schnellerer Immunisirung
auch gegenüber dem *Tetanus* diese Methode angewendet.

Die diesbezüglichen Versuche ergaben bei *Kaninchen*
sofort positive Resultate, und ich darf behaupten, dass
die Immunisirung von Kaninchen gegen den Tetanus durch
Vorbehandlung mit jodtrichloridbehandelten Tetanus-
Bouillonculturen (oder Filtraten derselben) zu den leich-

teren Aufgaben gehört, die an einen Bacteriologen gestellt werden können.

Vorbedingung für das Gelingen dieser Versuche ist
die genaue Kenntniss des Wirkungswerthes der Culturen
bezw. der Filtrate.

Diejenigen Culturen, mit welchen ich arbeitete, waren
mir von Herrn KITASATO zur Verfügung gestellt worden,
wofür ich demselben auch an dieser Stelle meinen Dank
abstatte; wie ich denn überhaupt nicht umhin kann her-
vorzuheben, dass nur durch die Mitarbeit des Herrn
KITASATO, vermöge seiner unvergleichlichen Beherrschung
aller Specialfragen in der Tetanusätiologie, es möglich
geworden ist, die Immunisirung und Heilung bei dieser
Krankheit in kurzer Zeit so weit zu fördern, wie das
aus dem folgenden Bericht hervorgehen wird.

Im Laufe der letzten Monate habe ich nun 8 verschiedene Culturen bekommen. Um den Wirkungswerth
derselben zu bestimmen, verfuhr ich in der Weise, dass
ich sie an Mäusen und an Kaninchen prüfte.

Wie ich das mache, will ich für diejenige Cultur
beschreiben, welche ich in letzter Zeit angewendet habe.

Dieselbe war am 15./XI. 91 in Fleischextractbouillon
angelegt und hatte, als ich sie bekam, 10 Tage im
Brütschrank gestanden.

Beim Oeffnen des paraffingedichteten Verschlusses
entwichen äusserst intensiv, für Tetanusculturen charak-
teristisch, aber schwer zu beschreibend riechende Gase.

Die mikroskopische Untersuchung der stark ge-
trübten Cultur ergab neben reichlichen Stäbchen auch
viele Sporen.

Von dieser Cultur standen mir 3 Kolben mit je
200^{ccm} zur Verfügung.

Ich goss nun den Inhalt der 3 Kolben zusammen,

mischte gut und entnahm von der Mischung 30^{ccm} zur Prüfung der frischen unveränderten Cultur. Den Rest versetzte ich mit soviel Carbolsäure, dass der Gehalt daran 0.5 Procent betrug.

Von der carbolsäurehaltigen Cultur filtrirte ich dann die Hälfte solange durch Filtrirpapier, bis das Filtrat klar wurde, was durch fortwährendes Zurückgiessen des Filtrats auf das allmählich seine Poren mit den unlöslichen Bestandtheilen der Cultur verlegende Filter leicht zu erreichen ist.

Das Filtrirpapier schnitt ich dann in zwei Theile; den einen brachte ich behufs Zerstörung des daran haftenden Tetanusgiftes 30 Minuten lang in einen Wärmeschrank, der auf eine Temperatur von 80° eingestellt war. Den anderen breitete ich in einer PETRI'schen Schale aus und brachte ihn in einen Exsiccator.

Nunmehr hatte ich also von oben erwähnter Cultur zu prüfen:

1. dieselbe unverändert,
2. versetzt mit 0.5 Procent Carbolsäure,
3. das Filtrat,
4. den Rückstand, welcher
   a) bloss noch durch Infection wirken konnte, da bei 80° alles Gift unwirksam geworden ist;
   b) Sporen, Bacillen und Giftreste enthielt.

Die Untersuchung ergab Folgendes: *Von der unveränderten Cultur war die tödtliche Minimaldosis für Mäuse* 0.0002 ^{grm}. Dieselbe wurde in der Weise bestimmt, dass ich zunächst von der Cultur eine 100fache Verdünnung mit Wasser herstellte; nach 0.1 ^{ccm} dieser 100fachen Verdünnung starben Mäuse bei subcutaner Injection schon nach weniger als 24 Stunden an Tetanus.

Bei 500facher Verdünnung genügte 0·1 ^{ccm}, um den Tod am dritten Tage herbeizuführen.

Bei 1000facher Verdünnung starben bei subcutaner Injection von 0·1 ^{ccm} die Mäuse in 4 bis 7 Tagen, von 0·2 ^{ccm} in 3 bis 4 Tagen. *Ich betrachte aber, wie bei der Diphtherie, diejenige Dosis als sicher tödtliche Minimaldosis, welche nach 3 bis 4 Tagen die Thiere tödtet.* Das ist also für diese Cultur 0·0002 ^{grm} bezw. 0·0002 ^{ccm}.

Dieser Werth veränderte sich bei der im Eisschrank . aufbewahrten Cultur im Laufe von 3 Wochen derart, dass die tödtliche Minimaldosis nicht mehr 0·0002 ^{ccm}, sondern 0·001 ^{ccm} betrug.

Bei gleicher Prüfung fand ich für die carbolsäurehaltige Cultur, die übrigens *nicht* im Eisschrank, sondern bei Zimmertemperatur aufbewahrt wurde, als tödtliche Minimaldosis für Mäuse 0·0003 ^{grm}; nach 3 Wochen betrug sie — wie bei der carbolsäurefreien Cultur 0·001 ^{grm}. Die tödtliche Minimaldosis vom *Filtrat* war zuerst 0·005, nach 3 Wochen 0·01.*)

Für mittelgrosse Kaninchen betrug die innerhalb von 3 bis 4 Tagen sicher tödtlich wirkende Minimaldosis:

von der unveränderten Cultur . . . 0·6 ^{ccm}
von der carbolsäurehaltigen Cultur . 0·6 „
von dem Filtrat . . . . 3·0 „

Vier Wochen später war die tödtliche Minimaldosis von der carbolsäurefreien und carbolsäurehaltigen Cultur 0·8 ^{ccm} bis 1·0 ^{ccm}. Das Filtrat ist an Kaninchen nicht geprüft worden.

---

*) Von einer anderen ebenso behandelten Cultur war das Filtrat sehr viel weniger wirksam, und ich hebe ausdrücklich hervor, dass die Filtration je nach ihrer besonderen Art und Dauer sehr verschiedenen Einfluss auf die Giftwirkung der Tetanusculturen ausüben kann.

Es besteht also — wie ich das übrigens auch für andere Culturproben gefunden habe und auch für andere Thierarten constatiren konnte — nicht ein derartiges Verhältniss, dass man aus der Wirkung auf Mäuse ohne Weiteres schliessen könnte, wie für bacterienhaltige und bacterienfreie bezw. bacterienarme Culturen die Wirkung sich bei anderen Thieren verhalten wird. Immerhin bekommen wir durch die Feststellung der tödtlichen Minimaldosis für Mäuse sehr werthvolle Anhaltspunkte für die Leistungsfähigkeit auch bei Kaninchen.

Der auf 80° erhitzte Filterrückstand (mit einem feinen Streifen Filtrirpapier unter die Haut gebracht) war für Mäuse sehr infectiös, für Kaninchen aber gänzlich unwirksam. Der im Exsiccator getrocknete machte von 3 Kaninchen eines vorübergehend krank.

Der carbolsäurehaltigen Flüssigkeit habe ich dann verschiedene Jodtrichloridzusätze gegeben und nach mindestens 36stündiger Einwirkung des Jodtrichlorids von Neuem an Mäusen die tödtliche Minimaldosis bestimmt.

Es betrug bei einem Zusatz von:

JCl_3 0·05 pCt. dieselbe für Mäuse 0·005 ccm

JCl_3 0·1 „ 0·05 „

JCl_3 0·15 „ 0·1 „

JCl_3 0·175 „ 0·3 „

JCl_3 0·2 „ 0·8 „ (unsicher)

Für Kaninchen war sie bei:

JCl_3 0.05 Procent = 2·5 ccm

JCl_3 0·1 „ = 6 „

Culturen mit einem noch höheren Gehalt an JCl_3 habe ich dann nicht mehr tödtlich wirkend gefunden.

Diejenigen Kaninchen nun, welche solche Dosen der unveränderten oder mit Carbolsäure und mit Jodtrichlorid versetzten oder der filtrirten Cultur oder endlich von dem Filterrückstand bekamen, die zur Herbeiführung des Todes *nicht* ausgereicht hatten, wurden später daraufhin geprüft, ob sie eine veränderte Empfänglichkeit für erneute Infectionen besassen.

Es zeigte sich da, dass solche Thiere, die zwar nicht an Tetanus starben, die aber leichte tetanische Erscheinungen, insbesondere Contracturen der Rückenmusculatur erkennen liessen, höhere Temperatur bei der Messung im Rectum aufwiesen, oder durch Abmagerung, verminderte Fresslust und Unbehülflichkeit der Bewegungen allgemeine Krankheitssymptome darboten, — ausnahmslos empfindlicher gegenüber der Tetanusinfection oder Vergiftung mit flltrirter Cultur waren als frische Thiere, so lange die Krankheit dauerte.

Diejenigen aber, welche von solcher Erkrankung sich vollständig erholt hatten, vertrugen mehr als die für Controlthiere tödtliche Minimaldosis und documentirten damit einen gewissen Grad von Immunität, der durch Weiterbehandlung mit Culturflüssigkeit immer höher getrieben werden konnte.

Wollte man nun diese Art der Immunisirung methodisch anwenden, so wäre es kaum zu umgehen, dass durch den Act der Immunisirung ein nicht unbeträchtlicher Procentsatz von Versuchsthieren verloren würde. Bleibt man nämlich weit unter der tödtlichen Minimaldosis, so ist der Immunisirungseffect ein sehr geringer und man würde damit nicht zum Ziele kommen; nähert man sich aber der bei *einem* Thiere vorher festgestellten tödtlichen Minimaldosis, so kann dieselbe — bei den nicht unerheblichen Differenzen in der Tetanusempfänglichkeit verschiedener Kaninchen — für ein anderes Thier schon zur Tödtung genügen.

Es lässt sich aber ohne alle Gefahr des Verlustes

von Thieren die Immunisirung in der Weise schnell und sicher erreichen, dass man von ganz inoffensiven Culturen zu immer wirksameren aufsteigt. Man *kann* zu diesem Zweck so verfahren, dass man von der unveränderten Cultur oder noch besser von dem Filtrat derselben etwa mit dem 20. Theil der tödtlichen Minimaldosis beginnt und innerhalb von 4 Wochen bis zur doppelten Menge derselben ansteigt.

Man kann aber auch zum Ziele gelangen, wenn man grössere Culturmengen durch Jodtrichloridzusatz weniger wirksam macht und damit die Behandlung einleitet. Ich fange mit der Injection von 5 ccm 0.25 procent. JCl_3 an und steige in 3- bis 5tägigen Pausen in der Weise, dass ich das nächste Mal 5 ccm 0.2 procent., dann 5ccm 0.15 procent. u. s. w. injicire. Bei dieser Art der Behandlung werden die Thiere in der Regel überhaupt nicht krank, jedenfalls habe ich nie dabei Verluste zu beklagen gehabt. Innerhalb von 4 bis 6 Wochen kann man so bis zu einer Immunität = 10 und darüber (nach EHRLICH's Berechnung) kommen. — Genau wie bei der Diphtherie entspricht dem Grade der erworbenen Immunität die Fähigkeit des Blutes, andere Thiere zu immunisiren und zu heilen, und man kann daher auch ohne Infection mit gefahrbringenden Dosen sich von dem Grade der Immunität Kenntniss verschaffen. Bei meinen Kaninchen entsprach der Immunität von 10 (EHRLICH) eine solche immunisirende Fähigkeit des Blutes, dass Mäuse, die 0.05 ccm Blutserum subcutan injicirt bekamen, nicht mehr an Tetanus starben, wenn sie hinterher mit der für sie sonst tödtlichen Minimaldosis inficirt wurden. Das macht bei Zugrundelegung des Gewichts von 20 grm pro Maus ein Verhältniss 0.25 : 100 oder 1 : 400.

Während man für die *Kaninchen* zwischen den beiden eben skizzirten Immunisirungsmethoden die Wahl hat, ist das nicht der Fall, wenn man *Mäuse* mit Cultur-flüssigkeit gegen Tetanus immunisiren will. In Bestäti-gung der Angaben von KITASATO kann ich da bloss über negative Resultate meiner diesbezüglichen Versuche berichten.

Dagegen gelingt es nach den bei der Kaninchen-immunisirung dargelegten Grundsätzen, Mäuse mit jod-trichloridbehandeltem Filtrat immun zu machen; nur fange ich da nicht mit o·25 Procent JCl_3 enthaltender Flüssigkeit, sondern mit o·4 Procent JCl_3 an und all-mählich steigend injicire ich in 8tägigen Intervallen jedes-mal o·4 ccm. Ich habe dabei Verluste an Mäusen bis ca. 40 Procent gehabt, aber gesehen, dass auch die Im-munisirung *dieser* Thiere eine ausführbare Sache ist; bei weiterer Ausbildung des Immunisirungsverfahrens würden die Verluste sicherlich geringer werden.

Auf die Gründe, die möglicherweise für die Erklä-rung der differenten Wirkung der *Verdünnungs-* und der *Abschwächungsmethode* durch Jodtrichlorid in Frage kommen, will ich hier nicht eingehen und nur an die Thatsache erinnern, dass auch gegenüber der Diphtherie durch die Vorbehandlung mit kleinen und allmählich ge-steigerten Mengen des unveränderten Diphtheriegiftes oder der lebenden Bacillen bei Meerschweinchen bisher Immunität nicht bekommen werden konnte, während die Anwendung der jodtrichloridbehandelten Culturflüs-sigkeit auch gegenüber der Meerschweinchendiphtherie zum Ziele führt.

Für die Immunisirung von Pferden und Schafen war ich schon vor 6 Monaten in der Lage, ge-

wissermaassen ein Immunisirungs*recept* zu schreiben.
Dasselbe lautet (l. c. S. 54 ff.):

Man verschaffe sich, wenn man ein Pferd immunisiren will, eine grössere Menge, mindestens 200 ^{ccm}
Tetanusbouilloncultur von solchem Wirkungswerth, dass
0.75 ^{ccm} genügen, um mit Sicherheit ein ausgewachsenes
Kaninchen in 3 bis 4 Tagen zu tödten. (Durch Versuche an Mäusen wird man sich bei einer solchen Cultur
überzeugen, dass noch von einer 500fachen Verdünnung
derselben 0.1 bis 0.2 ^{ccm} genügen, um *jede* Maus in
spätestens drei Tagen an Tetanus sterben zu lassen.)
Diese 200 ^{ccm} Cultur versetze man mit Carbolsäure bis
zu einem Gehalt von 0.5 Procent behufs Conservirung
bei längerer Aufbewahrung.

Die carbolsäurehaltige Culturflüssigkeit werde dann
in verschiedene Portionen abgetheilt:

1. 20 ^{ccm} bleiben ohne weiteren Zusatz.

2. 40 „ werden mit einem Zusatz von JCl_3 0.125
Procent versehen.

3. 60 ^{ccm} erhalten einen Zusatz von 0.175 Procent JCl_3.

4. 80 „ „ „ „ „ 0.25 „ „

Das Pferd werde nun zuerst mit der Mischung Nr. 4
behandelt. Davon soll es zuerst 10 ^{ccm}; nach acht Tagen
20 ^{ccm}; nach weiteren acht Tagen, falls wie zu erwarten,
eine Fieberperiode inzwischen überwunden ist, wiederum
20 ^{ccm}; den Rest nach weiteren drei Tagen subcutan
erhalten.

Die Mischung 3 werde dann in zwei Portionen à
30 ^{ccm} in achttägigen Intervallen injicirt.

Die Mischung 2 in zwei Portionen à 20 ^{ccm}.

Von der Culturflüssigkeit ohne Jodtrichlorid beginne
man mit 0.5 ^{ccm}, nachdem man sich vorher durch Blutentnahme und Prüfung des Serums überzeugt hat, dass

dasselbe für Mäuse ein Immunisirungsvermögen von mindestens $1 : 100$ hat, widrigenfalls beginne man mit $0 \cdot 25$ ccm. Von fünf zu fünf Tagen kann dann die Dosis der subcutanen Injection virulenter Cultur verdoppelt werden. Ich bin überzeugt, dass sich für den in diesen Versuchen Geübten das Immunisirungsverfahren noch erheblich abkürzen lassen wird. Zur Erreichung aber einer gefahrlosen und dabei doch sicher zum Ziele führenden Vorbehandlung würde ich vorläufig dieses Schema als das beste für Pferde empfehlen.

Bei Schafen, welche Thiere nicht so sehr für Tetanus empfänglich sind wie Pferde, wird man wie bei Kaninchen auf verschiedene Weise zum Ziele gelangen. Bei meiner Methode kann das Tempo der Behandlung von Schafen erheblich schneller sein als beim Pferde. Mit zweimaliger Injection von 10 ccm $0 \cdot 175$ procent. JCl_3 in fünftägigen Pausen kann man sofort zur Mischung 2 übergehen, die Behandlung mit der Injection von 5 ccm beginnen und in fünftägigen Pausen die Dosis verdoppeln, bis man zu 20 ccm gekommen ist. Fünf Tage darauf kann sofort 1 ccm virulenter Cultur eingespritzt und dann in fünftägigen Intervallen die Dosis jedesmal verdoppelt werden. — Sollte aber im Verlaufe der Behandlung zu der Zeit, wo eine neue Injection zu machen ist, Fieber (Temperatur über $40 \cdot 0°$) oder kolikartige Erkrankung und Meteorismus bestehen, so ist bis zum vollständigen Verschwinden dieser Symptome die Weiterbehandlung zu sistiren und nacher *nicht* die nach dem Schema zu wählende höhere, sondern die letztangewendete Dosis zu wählen.

Dass man eine sinngemässe Abänderung dieses Schemas je nach dem Alter der Thiere und nach dem

Eintritt nicht vorauszuberechnender Zwischenfälle vorzunehmen hat, brauche ich wohl nicht erst weiter auszuführen.

Sehr zweckmässig ist es, dass man sich durch regel-
mässige Blutentnahme und Prüfung der immunisirenden
Wirkung des Serums an Mäusen in den verschiedenen
Phasen der Behandlung von dem Fortschreiten des
Immunisirungsprocesses Kenntniss verschafft. Bei unseren ersten Versuchen haben wir diese Prüfungen regel-
mässig dekadenweise vorgenommen.

Nach diesem Recept, freilich mit manchen nothwendig gewordenen Abänderungen, über die seiner
Zeit Mittheilung gemacht werden wird, hat Herr
Professor SCHÜTZ in der thierärztlichen Hochschule
Pferde und Schafe dahin gebracht, dass diese Thiere
von solchen Culturen, von denen 0,2 bis 0,5 ccm
zur sicheren Tödtung von Controlpferden bezw. Con-
trolschafen ausreichte, über 100 ccm vertragen, und
dass bei einzelnen dieser Thiere der Immunisirungswerth des aus ihrem Blute gewonnenen Serums
1 : 200 000, ja bis zu 1 : 1 000 000 beträgt.

Was die letztere Zahl besagt, mag folgendes
Beispiel zeigen:

Setzen wir den Fall, dass für die Immunisirung
eines Menschen gegen Tetanus die Verhältnisse
ähnlich liegen wie für die Immunisirung von Mäusen, so würde für einen Menschen mit 50 kg Körpergewicht der 20. Theil eines Kubikcentimeters
vom Tetanusheilserum ausreichen, um demselben

3*

Impfschutz zu verleihen, wenn ihm *sofort* nach einer absolut tödtlichen Tetanusinfection diese kleine Quantität Heilserum subcutan applicirt wird.

Der 20. Theil eines Kubikcentimeters entspricht aber einem kleinen Tropfen. Wir stehen also vor der Möglichkeit, durch eine einfache *Impfung* mit Serum den Menschen gegen Tetanus zu schützen und nach einer sofort der Infection folgenden Injection sogar ihn zu heilen.

Ich glaube, dass ein solches Resultat durch die von anderen Autoren bis jetzt angewendeten Immunisirungsverfahren bisher noch nicht erreicht ist.

Das einzige Verfahren, welches nach Art der davon entworfenen Schilderung den Eindruck bei nicht sachverständigen Lesern hervorrufen könnte, dass es ebensoviel zu leisten im Stande ist als *meine* Immunisirungsmethode oder gar noch mehr, ist ein von Herrn Professor BRIEGER angegebenes und von BRIEGER, KITASATO und WASSERMANN beschriebenes.

Ich bin der Meinung, dass dieser Eindruck den Thatsachen nicht entspricht, und ich halte es für meine Pflicht, im Interesse der Sache meine Gründe anzugeben, aus welchen ich zu diesem Urtheil über das BRIEGER'sche Verfahren gelangt bin.

Nachdem in einem »Nachtrag« der Herren Prof. BRIEGER und Dr. WASSERMANN in der Zeitschrift für Hygiene und Infectionskrankheiten 1892, Bd. XII,

S. 254, der in der Arbeit von BRIEGER, KITASATO
und WASSERMANN «Ueber Immunität und Giftfesti-
gung»¹) angeführte Hammelimmunisirungsversuch als
ein solcher gekennzeichnet wird, dass er für die Fähigkeit der BRIEGER'schen Methode, Schafe gegen Tetanus zu immunisiren, *nichts* beweist; in Anbetracht
des Umstandes ferner, dass in dieser Arbeit andere
gelungene Immunisirungsversuche an grossen Thieren
beim Tetanus, bei der Diphtherie und den anderen
dort besprochenen Krankheiten *nicht* enthalten sind,
möchte ich zunächst constatiren, dass BRIEGER, KI-
TASATO und WASSERMANN zur Zeit des Abschlusses
ihrer Arbeit nicht in der Lage waren, über gelungene Immunisirungsversuche an *grossen* Thieren zu
berichten.

Da nun aber für die praktischen Ziele der Blutserumtherapie ohne den Besitz grosser hochimmuner
Thiere, welche die in Frage kommenden Heilkörper
zur Behandlung des Tetanus, der Diphtherie und
anderer Krankheiten liefern, vorläufig nichts anzufangen ist, so war für die Verfasser der Beweis
noch erst anzutreten, dass die BRIEGER'sche Methode
für die Zwecke der Blutserumtherapie praktische
Brauchbarkeit besitzt.

Seit dem Erscheinen der oben erwähnten Arbeit
sind nun zwei grosse Thiere litterarisch bekannt gegeben, welche diesen Beweis liefern sollen: ein in

¹) **Zeitschrift für Hygiene und Infectionskrankheiten.** Band XII
(1892) S. 155.

dem citirten »Nachtrag« erwähnter Hammel, und
eine Ziege, über welche das Protocoll in der Arbeit von Brieger und Ehrlich «Ueber die Uebertragung der Immunität durch Milch»[1]) Bericht er-
stattet. Was das erstere Thier, den Hammel, betrifft,
so kann auch dieser solange nicht als Beweis für
die praktische Brauchbarkeit der Brieger'schen Methode angesehen werden, als nicht Genaueres über
die Art der Immunisirung, über die Zeit, innerhalb
welcher die Immunität erzielt wird und über den
Grad, welchen dieselbe erreicht hat, bekannt gegeben wird. So bleibt zur Beurtheilung der Leistungsfähigkeit
von Brieger's Methode für die Zwecke der Heilserumgewinnung bezw. der Gewinnung von Heilkörpern überhaupt nur noch der in der Arbeit von
Brieger und Ehrlich publicirte Ziegenversuch übrig.
Zunächst entnehme ich aus demselben, dass die
Concentration der Tetanusheilsubstanz in der von
den Verfassern untersuchten Lösung, nämlich in
der Milch, am 1. April 1892 noch nicht diejenige
Höhe erreicht hatte, welche bei mehreren der von
mir immunisirten Thiere zu Beginn dieses Jahres im Blutserum nachzuweisen war; ferner dass an dem gleichen
Tage, an welchem die immunisirende Leistungsfähigkeit
der Ziegenmilch das Maximum betrug, ein von mir
untersuchtes, von einem Pferde in der thierärzt-

---

[1]) Deutsche medicinische Wochenschrift. 1892, No. 18.

lichen Hochschule stammendes Serum einen mindestens 100 mal grösseren Wirkungswerth erkennen
liess.

Endlich entnehme ich aus diesem Ziegenversuch,
dass zur Zeit des Abschlusses ihrer Publication die
Verfasser noch keine Heilkörper von der Ziege bekommen konnten, bei deren Anwendung auf tetanuserkrankte Menschen eine specifische Heilwirkung zu
erwarten stände.

Nach meinen Erfahrungen ist nämlich mit einer
solchen Lösung der specifischen Heilsubstanz in den
Körperflüssigkeiten tetanusimmunisirter Thiere, welche
einen geringeren Immunisirungswerth besitzt als
1 : 50 000, eine *Heil*wirkung in Tetanusfällen mit
schlechter Prognose nicht zu hoffen. *Ja selbst
von einer Lösung mit einem Wirkungswerth von
1 : 200 000 fand ich bei einem tetanuserkrankten
Kinde noch so grosse Mengen bei subcutaner Injection zur Heilung erforderlich, dass ich in Zukunft
zur Behandlung des* Menschen *nur schwer mich
entschliessen würde, wenn nicht der* Immunisirungswerth *der gelösten Heilsubstanz 1 : 1 000 000
beträgt.*

*Bei einem solchen Immunisirungswerth braucht
nämlich ein Mensch von 50 Kilo Körpergewicht bei
vorgeschrittener Tetanuserkrankung zu seiner* Heilung *immer noch* mindestens *soviel Injectionen,
dass die gesammte injicirte Flüssigkeit in 2 Tagen
50 Kubikcentimeter ausmacht.*

Nach alledem ist der Immunisirungswerth der
von BRIEGER und EHRLICH untersuchten Milch in der
Höhe von 1 : 2400 nach meinen Erfahrungen auch
annähernd nicht genügend, um damit tetanuskranke
Menschen, die nicht an sich schon Aussicht zur Ge-
nesung haben, vor dem Tetanustode zu schützen.

Wenn demnach diejenigen Autoren, welche in
Gemeinschaft mit Herrn Prof. BRIEGER Thiere zum
Zweck der Gewinnung von Heilkörpern für die Behandlung des Menschen immunisirt haben, auch für
den *Tetanus* bisher de facto noch nicht den Beweis
geliefert haben, dass sie zu einem für die Praxis
brauchbaren Resultat gelangen können, so habe ich
doch gar keinen Zweifel daran, dass mit Hilfe derjenigen Methode, die BRIEGER und EHRLICH in ihrem
Ziegenversuch zur Anwendung brachten, die *Möglichkeit* zur Erreichung dieses Zieles gegeben ist.

Nur muss ich da dem Irrthum vorbeugen, als ob
dabei dann dasjenige Moment eine Rolle spielen würde,
welches Professor BRIEGER den schon bekannten Immunisirungsmethoden hinzugefügt hat; ich meine die
Zuhilfenahme des Extractes aus zellenreichen Organen
und speciell der Thymusdrüsensubstanz.

*Ich behaupte nämlich, dass mit Hilfe der Brie-
ger'schen Methode ein Thier nicht bis zu demjenigen
Grade der Immunität gebracht werden kann, welcher erforderlich ist, wenn man das Blut oder ir-*

*gend welche andere dem immunisirten Körper ent-
stammende Flüssigkeiten zu Heilzwecken für den
Menschen brauchbar machen will; dass vielmehr
dieses Resultat erst erreicht wird durch eine Be-
handlungsmethode, welche* ich *zuerst systematisch
ausgebildet habe, und endlich, dass von dieser* meiner
*Methode auch Prof. Brieger und seine Mitarbeiter
Gebrauch machen.*

Um den Beweis für diese meine Behauptungen
anzutreten, muss ich etwas näher auf die BRIE-
GER'sche Methode eingehen.

Dieselbe beruht nach der Erklärung in der Arbeit von BRIEGER, KITASATO und WASSERMANN darauf, dass antitoxische chemisch wirkende Stoffe,
welche aus zellenreichen Organen gesunder Thiere
gewonnen sind, mit Culturen von solchen Bacterien
gemischt werden, gegen welche die Immunität erzielt werden soll; und dass man diese Mischungen
den zu immunisirenden Thieren unter die Haut in
allmählich steigender Dosis einspritzt.

Diese Methode sieht der von mir seit längerer
Zeit angewendeten Jodtrichloridmethode so ähnlich
aus, dass der Anspruch auf Originalität nur in Bezug
auf die 'Wahl der in Frage stehenden chemischen
Körper geltend gemacht werden kann.

Der Umstand, dass der von mir gewählte antitoxische Körper, das *Jodtrichlorid*, käuflich zu
haben ist, der von BRIEGER aber erst durch ein um-
ständliches Verfahren hergestellt werden muss,

dürfte an sich kaum einen Vorzug bedingen und nur der Beweis einer grösseren *Leistungsfähigkeit* der von BRIEGER gewählten antitoxisch wirkenden Substanz würde derselben nach meiner Meinung den Vorrang vor dem Jodtrichlorid gewähren können.

Nun sind aber beim Tetanus von Schafen Concurrenzversuche zwischen Kitasato und mir angestellt worden, in denen ich zur Giftabschwächung behufs Immunisirung dieser Thiere das Jodtrichlorid, Herr Kitasato dagegen die Brieger'sche Substanz gewählt hatte, unter im Uebrigen genau den gleichen Bedingungen. Herr Geheimrath Koch und Herr Professor Schütz haben von Anfang bis zu Ende diese Versuche mit verfolgt, und für uns alle herrschte gar kein Zweifel darüber, dass mein Verfahren viel sicherer und schneller zum Ziele führt, als das von Kitasato angewendete Brieger'sche.

Bei der Diphtherie ferner sind die nach dem Brieger'schen Verfahren ausgeführten Immunisirungsversuche im Ganzen resultatlos verlaufen, während ich mit meiner Jodtrichloridmethode durchaus Zufriedenstellendes in Gemeinschaft mit Wernicke sowohl an kleinen Thieren wie an grossen erreicht habe.

Wo also bis jetzt die Leistungsfähigkeit von BRIEGER's Methode und von meiner Jodtrichloridmethode einer vergleichenden Prüfung unterzogen worden ist, da hat sich die letztere überlegen gezeigt.

Doch darauf möchte ich nicht gar zu viel Gewicht legen. Es ist ja denkbar, dass wenn im Laufe der Zeit Herr Professor BRIEGER seine Methode weiter ausarbeitet, dass dann dieselbe auch beim Tetanus und bei der Diphtherie eine Concurrenz mit meiner Jodtrichloridmethode aushält; und wenn aus anderen Gründen die Besonderheit, welche in der Abstammung der antitoxischen Substanzen aus dem Thierkörper besteht, als interessant und wichtig betont wird, so lässt sich auch dagegen nichts sagen.

Die Gründe, deretwegen ich die Unzulänglichkeit der BRIEGER'schen Methode für *praktische* Zwecke behaupte, wenn zu derselben nicht eine von mir für den Tetanus neu eingeführte Behandlung hinzugenommen wird, sind ganz andere.

Die Versuche von Prof. Brieger und seinen Mitarbeitern gelingen nämlich nur in dem Fall bis zu einem solchen Grade, dass die immunisirten Thiere immunitätverleihendes und heilendes Blutserum, oder auch immunitätverleihende und heilende Milch liefern, wenn die vorbehandelten Thiere so stark wirkende Culturen oder Gifte bekommen haben, dass an denselben unbehandelte Controlthiere unfehlbar sterben, und wenn dann diese infectiös bezw. toxisch wirkenden Culturen immer höher dosirt werden. Die Kenntniss dieser Thatsache aber hat in unseren gemeinsamen· Versuchen in der thierärztlichen Hochschule Herr Kitasato erst durch mich erlangt;

und die Verwerthung dieser Kenntniss für die Er-
langung hoher Immunitätsgrade, welche in der Ar-
beit von Brieger, Kitasato und Wassermann zu fin-
den ist, hätte meines Erachtens nicht geschehen
dürfen, ohne eine entprechende Angabe über die
Herstammung derselben.

In gewissem Grade trage ich freilich selbst
daran die Schuld, dass dieses nicht geschehen ist;
ich habe nämlich bisher nicht die theoretische und
principielle Bedeutung betont, welche der Verwendung vollvirulenter und vollgiftiger Culturen für die
Erlangung hoher Immunitätsgrade zukommt, sondern mich in meinen bisherigen Publicationen auf
eine einfache Registrirung der Thatsachen beschränkt;
so habe ich beispielsweise in meinem Vortrage auf
dem VII. internationalen hygienischen Congress in
London (17. August 1891) bei meinem summarischen
Bericht über Diphtherieimmunisirung einfach mitgetheilt, wie ich durch allmählich gesteigerte Injectionen von vollvirulenter Diphtheriecultur und star-
ken Diphtheriegiftdosen ein Meerschweinchen dahin-
gebracht habe, dass es eine *mindestens* 12 mal so
starke Infection vertrug als Controlmeerschweinchen,
ohne dass ich etwas über das Neue dieser Immunisirungsmethode sagte.

Dass damit etwas principiell Neues den früher
angewendeten Immunisirungsmethoden hinzugefügt
worden ist, scheint in Folge meines Stillschweigens
von den meisten Autoren übersehen oder nicht ver-

standen worden zu sein, und so halte ich es für
zweckmässig, an dieser Stelle etwas näher auf diesen
Punkt einzugehen.

Das Wesentliche der von mir gegenwärtig angewendeten *combinirten* Immunisirungsmethode für
die Zwecke der Heilserumgewinnung besteht *nicht*
in der Abschwächung der Virulenz oder der Giftwirkung von Tetanusculturen, Diphthezieculturen,
Streptococcenculturen u. s. w. und in ihrer Umwandlung zu sogenannten »vaccins« durch den Jodtrichloridzusatz.

Das bacterienabschwächende Moment nicht bloss,
sondern auch das giftabschwächende durch antitoxisch
wirkende Substanzen ist thatsächlich schon in früheren
Modificationen der PASTEUR'schen Immunisirungsmethode enthalten gewesen, und für mich kann ich
da höchstens das eine in Anspruch nehmen, dass
ich als erster für die Immunisirung gegen Infectionskrankheiten in zielbewusster Weise die antitoxische
Wirkung *chemischer Substanzen* verwerthet und diese
Wirkung als Erklärungsprinzip für das Zustandekommen der Abschwächung von Bacterienculturen
herangezogen habe.

*Das Wesentliche der von mir seit Jahr und
Tag angewendeten combinirten Immunisirungsmethode besteht vielmehr in ihrem zweiten Theil,
in der Verwendung vollvirulenter Culturen bezüglich vollgiftiger Filtrate derselben zur Er-*

*langung hoher und für meine praktischen Zwecke
allein brauchbarer Immunitäten.*

Bis zum Erscheinen meiner diesbezüglichen Publicationen war immer bloss die Rede von »immun«
und »nicht immun«, und die Unzulänglichkeit dieser
Unterscheidungen wurde verdeckt durch Einführung
des Begriffs der »relativen Immunität«.

Weder in den Milzbrandimmunisirungsversuchen
der PASTEUR'schen Schule, noch — soweit ich erkennen kann — in späteren Arbeiten bis in die
neueste Zeit war man sich der Thatsache bewusst
geworden, dass für die Erlangung hoher Immunitätsgrade die Anwendung von sogenannten vaccin's nicht
genügt.

Mir selbst wurde die Nothwendigkeit, für diesen
Zweck unveränderte vollvirulente und hochgiftige
Culturen zu gebrauchen, auch erst allmählich klar,
nachdem ich immer mehr durch das Studium und
den Verfolg der immunisirenden Blutwirkungen mich
davon überzeugte, dass der Eintritt der Immunität
nicht wie ein kritisches Ereigniss, sondern sehr allmählich erfolgt. Diese Erkenntniss erlangte eine
folgenschwere Bedeutung, denn auf Grund derselben
kam ich schliesslich zu dem Resultat, dass der Grad
der Immunität einer unbegrenzten Steigerung fähig ist.

Soweit meine Kenntniss der einschlägigen Litteratur reicht, hat man sich früher die Frage, ob das
Zustandekommen der Immunität etwa so aufzufassen
ist, wie EHRLICH es zuerst präcisirte, nämlich als

kritisches Ereigniss, der Art, dass bis zu einem gewissen Tage oder einer bestimmten Stunde ein vorbehandeltes Individuum *nicht* immun, von da ab aber immun ist, oder ob etwa der Immunisirungsprocess ganz im Gegensatz dazu ein gleitender ist — kaum vorgelegt.

Ich selbst habe unablässig bei meinen Immunitätsstudien die grösste Aufmerksamkeit dieser Frage zugewendet und kann jetzt auf Grund fast unzähliger Einzelbeobachtungen sagen, dass mir kein einziges Beispiel begegnet ist, in welchem ich einen kritischen Eintritt der Immunität bei Infectionskrankheiten beobachtet hätte.

Dagegen sind mir einige Fälle vorgekommen, wo sich der Immunisirungsprocess sprungweise vollzog.

Die übergrosse Mehrzahl von Immunisirungen, zumal die an *grossen* Thieren, habe ich aber so leiten können, dass ein ganz allmähliches Fortschreiten, gewissermaassen ein »Gleiten« im Zustandekommen der Immunität resultirte.

Gerade die letzteren Fälle sind es nun gewesen, die eine fundamentale Bedeutung für die Wahl meiner Immunisirungsmethode gewonnen haben, und die mich dazu bestimmten, die durch die Jodtrichloridmethode auf einen gewissen geringeren Grad von Immunität gebrachten Thiere mit immer grösseren Culturmengen zu inficiren zum Zweck der Erreichung immer höherer Immunitätsgrade.

Die Vereinigung nun der vorbereitenden Jod-
trichloridmethode mit der zielbewussten Anwendung
vollvirulenter und vollgiftiger Bacterienculturen zum
Zweck der Erlangung von früher nie erreichten
Graden der Immunität möchte ich als meine *Immu-*
nisirungsmethode bei der Diphtherie, beim Tetanus
und bei Streptococcenkrankheiten bezeichnet wissen.

Es wurden ja auch früher ab und an vollvirulente
Culturen bei Immunisirungsversuchen angewendet,[1])
und es wäre geradezu wunderbar, wenn nicht ge-
legentlich Jemand dabei die Beobachtung gemacht
hätte, dass die etwa schon bestehende Immunität
dadurch gesteigert werden kann.

Vor meinen eigenen Publicationen finde ich aber
nirgends eine Angabe darüber, dass irgend ein Autor,
falls er eine solche Beobachtung gemacht hat, dieselbe weiterhin für den Zweck der Steigerung der Immunität gegen Infectionskrankheiten systematisch
verwerthet hat.

Man wird in späterer Zeit, wenn diese meine
Immunisirungsmethode allgemeine Anerkennung gefunden haben wird, vielleicht fragen, wie es denn
möglich gewesen sei, so fundamentale und praktisch
überaus wichtige Thatsachen so lange zu vernach-
lässigen.

Da möchte ich hier schon mit meiner Meinung
über die Ursache dieser in der That auffallenden
Erscheinung nicht zurückhalten.

---

[1]) vide: Anhang A. II. 1 (EMMERICH) in Schema I.

Ich führe dies »Nicht sehen können« oder »Nicht sehen wollen« auf die unglückliche Neigung zurück, viel zu viel zu theoretisiren und viel zu wenig zu experimentiren. Da spielt nun seit BOUCHARD's Bemerkungen über die »secrétions bactériennes vaccinantes«, welche gemäss seiner Lehre mit den in Bacterienculturen enthaltenen Giftstoffen nichts zu thun haben, bei vielen Autoren »die Theorie« oder »Hypothese« eine verhängnissvolle Rolle, dass das »toxische« und das »immunisirende« Princip ganz verschiedene Dinge seien.

Wer nun diese Lehre für ein unumstössliches Dogma hält und dann alle möglichen und unmöglichen anderen theoretischen Betrachtungen und Consequenzen aus demselben ableitet, der muss es ja geradezu für absurd halten, wenn Jemand, wie ich es thue, zum Zweck der Immunisirung gerade die giftigsten und virulentesten Stoffe aussucht.

Zu diesen Dogmatikern gehören nun auch Prof. BRIEGER, Dr. KITASATO und Dr. WASSEMANN, wie aus folgenden Stellen ihrer Arbeit hervorgeht.

Auf Seite 179 (Schlussbemerkungen) sagen die Autoren, nachdem sie von eingedampften und mit Alkohol gefällten Typhusbacillenculturen gesprochen, bezüglich der immunisirenden Wirkungen des Niederschlages:

»Die Thierversuche mit dieser Substanz offenbarten uns aber bald, dass derselben noch ein hoher

Grad von Giftigkeit anhaftete. 0,02 gr davon
tödteten Mäuse innerhalb 18 Stunden. Verabfolg-
ten wir nun solche Gaben, dass die Thiere zwar
krank wurden, sich aber alsdann völlig wieder er-
holten, dann konnten wir die merkwürdige Thatsache constatiren, dass die Mäuse sofort gegen
eine nachfolgende sehr starke Typhusintoxication
geschützt waren. Bei einer Reihe von Thieren war
dieser Schutz schon nach 24 Stunden eingetreten,
nach 48 Stunden war er bei Mäusen ausnahmslos
vorhanden.«

Man sollte glauben, dass diese Beobachtung
einer eklatanten immunisirenden Wirkung durch
nicht abgeschwächte Culturflüssigkeit, wie ich sie
früher schon in genau derselben Weise für den
Tetanus mitgetheilt hatte, nur mit dem Zusatz,
dass bei dieser Krankheit nicht blos Giftimmunität,
sondern gleichzeitig auch Bacillenimmunität durch
eine solche Behandlung zu erreichen ist und durch
weitere Infectionen bezw. Intoxicationen gesteigert
werden kann —, den Verfassern den richtigen Weg
gewiesen haben müsste.

Aber das ist nicht der Fall. Dieselben sagen nämlich
weiter: »Indessen ist dieses Verfahren noch zu ein-
greifend, wie uns besondere Versuche an Meerschweinchen lehrten, welche bei dieser Art der Vorbehandlung ungemein leicht eingingen. Die Festigung erfordert aber keineswegs, wie oben erläutert, eine
vorhergehende stärkere Vergiftung. War es uns

doch gelungen, bei Cholera und bei Tetanus mit fast ungiftigen Modificationen den stärksten Schutz zu erreichen. *Diese Thatsache spricht aber zu Gunsten der Annahme, dass das toxische und das immunisirende Princip etwas gänzlich Verschiedenes sind.*« Und dass es sich hier nicht blos um eine Annahme, sondern um ein wirkliches Dogma handelt, geht aus folgendem Satz (S. 162) hervor:

»An unseren bei der Cholera und beim Tetanus gesammelten Erfahrungen glauben wir berechtigt zu sein, den Satz aufzustellen, *dass toxisches und immunisirendes Princip zwei gänzlich verschiedene Dinge sind.*«

Ohne mich auf den Versuch an dieser Stelle einzulassen, dieses Dogma als den Thatsachen widersprechend mit Gründen zu bekämpfen, begnüge ich mich hier damit, zu constatiren, dass die Autoren von der Richtigkeit desselben fest überzeugt sind und füge blos noch hinzu, dass eine eigenthümliche Ironie darin liegt, wenn die Autoren trotz desselben ganz nach *meiner* combinirten Methode die Immunisirung gegen den Tetanus, auf welchen sie exemplificiren, ausführen und grosse Mengen vollvirulenter Tetanuscultur den zu immunisirenden Thieren einspritzen.

Prof. BRIEGER setzt sich ferner auch mit seiner eigenen Theorie in Widerspruch durch die Art und Weise, wie er in seinem (mit Prof. EHRLICH publicirten) Ziegenversuch die Immunisirung leitet.

Auf die Immunisirung gegen Tetanus und die
Gewinnung des Heilserums habe ich mich mit
meinen Mitarbeitern nicht beschränkt. Durch die Mithilfe von Dr. KNORR im Institut
für Infectionskrankheiten ist es gelungen, einiges
wesentlich Neue über die *Eigenschaften der Tetanusheilkörper* zu erfahren.

Abgesehen von der Feststellung einer ganz un-
geahnten Widerstandsfähigkeit derselben gegen phy-
sikalische, chemische und atmosphärische Einflüsse
beansprucht vor Allem die Thatsache das grösste
Interesse, dass die Heilkörper bei der Dialyse des
Serums in das Dialysat übergehen, und dass sie in
demselben die charakteristischen Eiweissreactionen
durchaus vermissen lassen.

Durch die Constatirung dieser Thatsache tritt
das Studium des Tetanusheilserums in eine ganz
neue Phase, und wir können noch gar nicht übersehen, zu welchen wissenschaftlichen Endergebnissen
wir dabei geführt werden.

Aber ich möchte doch dem vorbeugen, dass für
die nächste Zukunft schon hieran Hoffnungen bezüglich der Verwerthung *isolirter* Heilkörper zur Behandlung des Menschen geknüpft werden.

Nach meiner Erfahrung werden wir noch lange
Zeit auf die Anwendung des unveränderten Serums
angewiesen sein, und unser Hauptaugenmerk wird
sich nur darauf zu richten haben, dass wir das Heil-
Serum zu einem absolut ungeeigneten Nährboden

für Bacterien machen, so dass jede Gefahr einer entzündlichen oder eitererregenden Wirkung bei der subcutanen Injection vermieden wird.

Auch ein ganz sicher steriles Serum schützt gegen diese Gefahr *nicht*; von der Haut aus können durch den Injectionsstich Mikroorganismen in das subcutane Gewebe hineingelangen und dort Abscesse hervorrufen.

Wir haben es jedoch in der Hand, mit absoluter Sicherheit direkte und indirekte entzündliche Reactionen in Folge der Seruminjectionen auszuschliessen, wenn wir dieselben mit 0,5 proc. Carbolsäuregehalt verabfolgen. Zukünftig gebe ich überhaupt kein anderes als solch' ein carbolsäurehaltiges Serum, wenn ich dazu in die Lage kommen sollte, für die Behandlung des Menschen ab.

Zum Schluss möchte ich noch einige Worte über das *Diphtherieheilserum* sagen.

Wernicke und *ich* haben in Untersuchungen, bei denen gegenwärtig auch Herr Sanitätsrath Boer betheiligt ist, das Studium der Diphtherieheilkörper vertieft.

Nachdem wir dieselben jetzt aus dem Blute unserer diphtherieimmunen Schafe in mindestens 20 mal stärkerer Concentration gewinnen, als diejenige war, über welche wir in der Arbeit «Ueber Immunisirung und Heilung von Versuchsthieren bei der Diphtherie» berichteten, haben wir in unzweifelhafter Weise uns überzeugen können, dass auch Thiere mit weit

vorgeschrittener Diphtherieinfection noch geheilt
werden können. Wir haben die Haltbarkeit der
Heilkörper bei der Aufbewahrung bis zu 8 monat-
licher Dauer constatirt und gesehen, dass selbst
durch Bacterienvegationen mit Entwickelung stinken-
der Producte im Heilserum die Heilkörper nicht zer-
stört werden.

Aber wir haben auch erkennen müssen, dass es
Jahre langer Vorbehandlung der Schafe bedürfen
wird, um den Immunisirungswerth ihres Blutserums
gegenüber Diphtherie auf diejenige Höhe zu bringen,
welche wir am Tetanusheilserum vorbehandelter
Pferde in wenigen Monaten erreichen.

Das hat nothwendigerweise zur Folge, dass wir
sparsam mit unserem Diphtherieheilserum umgehen
und von demselben für die Behandlung des Menschen nur soviel abgeben, als uns zur Constatirung
der Leistungsfähigkeit des Heilserums auch für die
Diphtherie des Menschen nothwendig scheint. Darüber hinauszugehen, würden wir — so lange wir
nicht die Garantie bekommen, dass das verbrauchte
Material durch Immunisirung von anderen Thieren
ersetzt wird — im Interesse der Sache für schäd-
lich halten.

Das Interesse der Sache, wie ich es verstehe,
erfordert eine weitgehende experimentelle Ausarbeitung des neuen Heilverfahrens *vor* seiner allgemeinen Uebertragung auf den Menschen. Ich ver-
trete da in Bezug auf die Diphtherie dieselben

Grundsätze, welche ich an anderer Stelle (in Gemeinschaft mit FRANK) in Bezug auf den Tetanus mit
folgenden Worten ausgesprochen habe:

»Man kann mannigfache Gründe für die Behandlung einer so schrecklichen Krankheit, wie des
Wundstarrkrampfes, anführen, selbst wenn die experimentelle Begründung des Heilverfahrens nicht
nach allen Richtungen erbracht worden ist.
Ein solches Vorgehen hat jedoch eine sehr grosse
Gefahr. Es kann vorkommen, und, wie wir
glauben, es wird ganz gewiss vorkommen, dass das
Mittel versagt. Den anfänglichen Hoffnungen und
dem ersten Enthusiasmus folgt dann die Enttäu-
schung und der Skepticismus, und das an sich be-
rechtigte Verfahren geräth in unverdienten Misscredit.
*Wir gedenken aus diesem Grunde die experi-
mentelle Begründung unserer Heilmethode soweit
auszudehnen, dass die Anwendung derselben auf den
Menschen auf eine ganz sichere Basis gestellt ist.*«

Für eine solche experimentelle Begründung des
Diphtherieheilverfahrens wollen WERNICKE und *ich*
hauptsächlich unser Diphtherieheilserum anwenden;
und der zu leistenden Arbeit giebt's noch so viel,
dass wir vermuthlich erst in längerer Zeit am End-
ziel unserer Bestrebungen anlangen werden.

Nun könnte man sagen: »Dann ist ja der Appell
am Schluss des ersten Theils dieser Arbeit an weitere
Kreise, die Inangriffnahme der Diphtherieimmunisirung
von grossen Thieren in erweitertem Maassstabe zu

ermöglichen, verfrüht. Zeigt erst, dass Ihr den Menschen sicher heilen könnt, dann kommt das Uebrige von selbst, dann werden auch die Mittel zu weiteren Arbeiten nicht fehlen.«

Bis zu einem gewissen Grade ist das richtig.

Ich glaube aber doch nicht unterlassen zu dürfen, auf die Consequenzen einer solchen Argumentation hinzuweisen.

Wie schon erwähnt, vergehen voraussichtlich auch später Jahre, ehe die Diphtherieimmunisirung ein und desselben Thieres uns ein solches Heilserum liefert, dessen Anwendung für praktische Zwecke allen unseren Anforderungen Genüge leistet.

Wenn nun mit dem Beginn der Inangriffnahme der Versuche im Grossen gewartet wird, bis WERNICKE und *ich* sagen, jetzt können wir die Diphtherie des Menschen ganz sicher heilen (da wir vorsichtige Leute sind, kann das noch recht lange dauern); 100 und mehr hintereinander geheilte Fälle liefern den Beweis dafür, — dann stehen wir vor der Situation, dass wir wissen, es *giebt* ein specifisches Heilmittel gegen die Diphtherie des Menschen, wir *haben* es bloss nicht und können es auch im günstigsten Fall — unsere dauernde Arbeitsfähigkeit und Arbeitsfreudigkeit vorausgesetzt — erst in einigen Jahren bekommen. Da fragt es sich denn doch, ob es nicht besser ist, jetzt schon anzufangen.

Quellen-Angabe

betreffend die

Originalarbeiten, welche auf meine Blutserumtherapie Bezug haben.

——••——

1. Ueber das Zustandekommen der Diphtherie-Immunität und der Tetanus-Immunität bei Thieren.
   Von BEHRING und KITASATO.
   Deutsche medicinische Wochenschrift 1890, No. 49.

2. Untersuchungen über das Zustandekommen der Diphtherie-Immunität bei Thieren.
   Von BEHRING.
   Deutsche medicinische Wochenschrift 1890, No. 50.

3. Ueber Desinfection, Desinfectionsmittel und Desinfectionsmethoden. Abschnitt VII.
   Von BEHRING.
   Zeitschrift für Hygiene, Band IX.

4. Ueber die Behandlung diphtherieinficirter Meerschweinchen mit chemischen Präparaten.
   Von Sanitätsrath O. BOER.

5. Zur Immunitätsfrage.
   Von BEHRING.
   Deutsche medicinische Wochenschrift 1891, No. 19.

6. Ueber Desinfection am lebenden Organismus.
   Von BEHRING.
   Deutsche medicinische Wochenschrift 1891, No. 51.

Anhang.

Immunisirungsmethoden gege⟨

A. Immunisirung mit Hilfe derselben krankmachen⟨

I. Abschwächungsmethode (Pasteur'sche Meth⟨

1) Immunisirung durch abgeschwächte Cu⟨
2) Immunisirung durch abgeschwächte Gi⟨

In beiden Fällen (I, 1 und I, 2) hat man d
a. Abschwächung durch höhere Tempe⟨
b. Abschwächung durch niedere Temp⟨
c. Abschwächung durch chemisch wirl⟨
d. Abschwächung durch atmosphärisch⟨

II. Verdünnungsmethode (beschränkte Anwendbark⟨

1) vollvirulenten Culturen,
2) vollgiftigen Culturflüssigkeiten.

III. Combinirte Methode (Behring), (allgemeine Ar⟨

Hilfe der Abschwächungsmethode und der darauf
Zweck der Erreichung sehr hoher Immunitätsgrad⟨

B. Immunisirung mit Hilfe von krankmachenden Sto⟨ die Immunität erreicht werden soll.

I. Anwendung von lebenden Bacterienculturen ⟨ in denselben enthalten sind.

II. Anwendung von chemischen Präparaten.

C. Immunisirung durch directe Uebertragung der imm⟨

den Infectionskrankheiten.

toffe, gegen welche die Immunität erreicht werden soll.

; (Vaccination) (allgemein anwendbar).

en mit lebenden Bacterien.

ihl zwischen verschiedenen Arten der abschwächenden Mittel.

'grade;
rgrade;
e Agentien;
iflüsse, insbesondere Insolation.

iesteht in der Anwendung von

lbarkeit) besteht in der vorbereitenden Immunisirung mit
inden Anwendung vollvirulenter und vollgiftiger Culturen zum

von anderer Art, als diejenigen sind, gegen welche

von specifisch wirksamen chemischen Stoffen, welche

ätverleihenden Agentien (Behring, Blutserumtherapie).

Nach diesem Schema gehört meine Jodtrichloridmethode, eine Unterart der PASTEUR'schen Methode, in
die Gruppe A. I. c.

Was die Verdünnungsmethode betrifft, so finde ich
ausser der von mir nachgewiesenen Möglichkeit, mit
Hilfe derselben Kaninchen und Schafe gegen Tetanus
zu immunisiren, in der Litteratur ein beglaubigtes Beispiel in der Arbeit von EMMERICH und MASTBAUM: „Die
Ursache der Immunität, die Heilung von Infectionskrankheiten, speciell des Rothlaufs der Schweine und
ein neues Schutzimpfungsverfahren gegen diese Krankheit." Arch. für Hygiene 1891.

EMMERICH beweist in dieser Arbeit, dass Kaninchen
gegen die bei diesen Thieren durch Schweinerothlauf-
baciflen 'erzeugte Krankheit mit vollvirulenter Cultur
immunisirt werden können. (A. II. 1.)

Die Immunisirungsmöglichkeit mit vollgiftiger
Culturflüssigkeit habe ich zuerst gezeigt, bei Kaninchen,
die gegen Tetanus immunisirt wurden. (A. II. 2.)

Meine combinirte Methode habe ich mit Erfolg
bisher angewendet bei der Diphtherieimmunisirung
von Meerschweinchen und Schafen (BEHRING und WER-
NICKE); bei der Tetanusimmunisirung von Mäusen,
Kaninchen, Schafen und Pferden (BEHRING und SCHÜTZ);
KNORR hat diese meine Methode übertragen auf die Im-
munisirung gegen Krankheiten, die durch den Strepto-
coccus longus erzeugt werden; BOER auf eine durch den
Streptococcus brevis (KURTH) bei Kaninchen erzeugte
Krankheit. (A. III.)

Die Immunisirungsversuche mit Hilfe von krankmachenden Stoffen von anderer Art, als diejenigen sind,
gegen welche die Immunität erreicht werden soll, haben

bei Infectionskrankheiten bis jetzt zu brauchbaren Resultaten nicht geführt.

In Bezug auf diejenige Unterart dieser Immunisirungsmethode, welche mit Bacterienculturen, oder specifisch-wirksamen chemischen Stoffen aus denselben, arbeitet, liegen zwar eine Reihe von positiven Angaben in der Fachlitteratur vor; ich halte aber diese Angaben noch nicht für genügend beglaubigt. (B. I.)

Von chemischen Präparaten glaube ich den Nachweis am Wasserstoffsuperoxyd geliefert zu haben, dass man mit Hilfe desselben den Meerschweinchen und Kaninchen einen gewissen Grad von Immunität gegenüber der Diphtherie verschaffen kann. (B. II.)

Zwischen der Immunität, welche durch die ad A. und B. gehörenden Methoden erfolgt und zwischen der durch Heilserum erzeugten Immunität besteht der wichtige Unterschied, dass die erstere reactiv (indirekt) eintritt, die letztere direkt durch die immunitätverleihenden Körper zu Stande gebracht wird.

Was dann den Mechanismus des Zustandekommens der Immunität, durch welche Methode sie auch immer erzeugt sein mag, betrifft, so habe ich dafür in meinem Londoner Congressvortrag ein Schema mitgetheilt, welches mir gleichfalls bisher stets ausgereicht hat, um in dasselbe alle Einzelfälle einzurubriciren.

Wirkungsweise der immunitätver-
leihenden Agentien.

1) Durch die Abtödtung der lebenden Krank-
heitserreger.

2) Durch die Wachsthumsverhinderung derselben.

3) Durch die Aufhebung ihrer infectiösen
Eigenschaften, welche ich mir dadurch zu
Stande kommend denke, dass den krankmachenden Bacterien die Fähigkeit genommen wird, giftige Stoffwechselproducte
zu liefern.

4) Durch die Zerstörung, bezw. das Unschäd-
lichmachen der von den Krankheitserregern im inficirten Organismus producirten giftigen Stoffe.

5) Durch eine derartige Veränderung der
Centralorgane oder der lebenden Zellen,
dass daraus eine höhere Widerstandsfähigkeit derselben gegen die von den Bacterien
erzeugten Nervengifte und Zellgifte re-
sultirt.

Man kann demnach für die Darstellung der Immunitätslehre zwei verschiedene Eintheilungsprincipien wählen. Ausgehend von der experimentell zu erzeugenden Immunität kann man durch die Aufzählung der Immunisirungsmethoden das thatsächliche Material nach einem einheitlichen Gesichtspunkt anordnen und auf diese Weise gewissermassen eine Phaenomenologie der Immunitätslehre schreiben. Ich selbst würde dabei mein erstes Schema der Beschreibung zu Grunde legen.

Man kann aber auch ausgehen von der Ursache des Immunseins, oder wie man sich ausdrücken kann, von dem Wesen der Immunität. Nach meinem Dafürhalten ist die Wahl dieses zweiten Eintheilungsprincips durchaus verfrüht, solange als uns von der Natur der wesentlichen Ursache der Immunität noch nicht Genügendes bekannt ist; solange als das nicht der Fall ist, wird auch jede Immunitätstheorie der Gefahr ausgesetzt sein, durch die Constatirung neuer Thatsachen in der Immunitätslehre unbrauchbar zu werden.

Indessen es hat wohl jeder, der sich eingehend mit Immunitätsfragen beschäftigt, das Bedürfniss, sich wenigstens die Möglichkeiten der für das Immunsein in Betracht kommenden Ursachen klar zu machen. Mit Bezug hierauf habe ich ein drittes Schema aufgestellt, in welches man die Einzelfälle einfügen kann.

Schema III.

Ursachen für das Immunsein.

A. Ein passiver Zustand des Organismus (Erschöpfungstheorie und die Theorie vom ungünstigen Nährboden);

B. Eine functionelle Eigenschaft des Organismus, und zwar:

    I. Eine Function lebender Theile des Organismus (Kampftheorie).

    II. Eine Function lebloser Theile des Organismus.

Die ad A. gehörigen Theorien dürfen gegenwärtig als endgiltig beseitigt angesehen werden. Bezüglich der Theorien ad B., welche auf eine vitale Thätigkeit recurriren (B. I.), bin ich der Meinung, dass dieselben in das Gebiet metaphysischer Speculation übergreifen, und dieselben entziehen sich aus diesem Grunde meiner Beurtheilung vom experimentell-wissenschaftlichen Standpunkte aus. Meine eigenen Untersuchungen beziehen sich ausschliesslich auf die Action unbelebter Agentien im Organismus (B. II); den Wirkungsmodus derselben kann ich mir aber in der im Schema II angegebenen 5fachen Weise vorstellen. Experimentell nachgewiesen ist bisher, als thatsächlich vorkommend, nur das Zustandekommen der Immunität durch die Wirkung solcher greifbaren Agentien, welche die von den Krankheitserregern producirten Gifte unschädlich machen, also der Fall B. II. 4.